YOU ARE LIMITLESS

The Power within !

लेखक - ऋषि मुदगल

ink Scribe

You are Limitless

Publisher: Inkscribe Publishing Pvt. Ltd.

ISBN Number: 978-1-969259-14-2

Contents

प्रेरणा

मैंने यह पुस्तक क्यों लिखी?

क्योंकि मैंने देखा है, लोग मुस्कुरा रहे हैं, लेकिन अंदर से टूटे हुए हैं। चल तो रहे हैं, लेकिन दिशा के बिना, वे जी तो रहे हैं, लेकिन हर दिन कुछ खोते हुए। मैंने यह पुस्तक इसलिए नहीं लिखी कि मैं कुछ सिखाना चाहता हूँ, बल्कि इसलिए कि मैं आपको याद दिलाना चाहता हूँ कि आप कौन हैं।

आप कोई साधारण शरीर नहीं हैं, आप ब्रह्मांड की सबसे पवित्र ऊर्जा का अंश हैं। मैंने इस पुस्तक को तब लिखा...जब मैंने खुद को कई बार खोया। जब मेरे भीतर की आवाज़ ने कहा, "तेरा जीवन कुछ कह रहा है, सुन" और मैंने सुना।

मैंने इस पुस्तक को लिखा उन सबके लिए, जो रोज़ खुद को साबित करने की कोशिश में थक चुके हैं... जो ज़िंदगी से कुछ पाना तो चाहते हैं, लेकिन भीतर कहीं आवाज़ आती है, "तेरे बस की बात नहीं है" मैंने लिखा है उनके लिए, जो बार-बार दूसरों को खुश रखने के चक्कर में खुद से बहुत दूर निकल चुके हैं। मैं जानता हूँ आपने भी कभी न कभी अपने सपनों को दबाया है, अपने आंसुओं को छुपाया है, अपने भीतर की पुकार को अनसुना किया है। लेकिन अब वक़्त आ गया है, आपकी आत्मा को फिर से जगाने का।

इस पुस्तक के शब्द केवल अक्षर नहीं हैं – यह ऊर्जा हैं, जो सीधे आपके अवचेतन से बात करेंगे। यह पंक्तियाँ आपकी आत्मा को याद दिलाएँगी – कि आप टूटे नहीं हैं, आप रुके नहीं हैं, आप केवल सो गए थे।और अब ब्रह्मांड आपको पुकार रहा है, वो कह रहा है: अब तू जाग। तू कोई सीमित पहचान नहीं, – तू सीमाओं से परे है।

मैंने यह पुस्तक इसलिए लिखी ताकि आप अपने अंदर फिर से उतर सकें...अपने बचपन की पहली हँसी से जुड़ सकें...उन सपनों से मिल सकें जिन्हें आपने कभी गले लगाया था...और फिर छोड़ दिया था – हालातों के डर से।

मैंने यह पुस्तक इसलिए लिखी क्योंकि जब आप इस पुस्तक को पढ़ते-पढ़ते खुद से मिलेंगे, तो शायद पहली बार आपको वो सच्ची शांति मिलेगी, जो बाहर कभी नहीं थी – हमेशा अंदर थी।

यह किताब मेरे द्वारा नहीं, उस ऊर्जा द्वारा लिखी गई है, जो हम सभी को जोड़ती है ।

जिसे कोई "ईश्वर" कहता है, कोई "ब्रह्मांड", कोई "शक्ति"... और कोई सिर्फ "प्रेम"। और अब वह शक्ति आपके सामने है –

इन शब्दों में छुपी हुई, आपको याद दिलाने के लिए कि आप असीमित हैं। तो आइए इस यात्रा की शुरुआत करें, जहाँ लेखक मैं नहीं, आपका स्वयं जागृत आत्मा रूप है।

संदेश

प्रिय **पाठक,**

यह किताब कोई संयोग नहीं। यह आपके और आपके **भीतर के सत्य** के बीच एक बुलावा है। वो सत्य जिसे आपने दुनिया की आवाज़ों के बीच खो दिया, वो शक्ति जिसे आपने हालात के सामने समर्पण कर दिया, वो प्रेम जिसे आपने सिर्फ दूसरों को दिया, और खुद को देना भूल गए।

मैं जानता हूँ, आपने बहुत कुछ सहा है... शायद वो सब भी, जो आपने किसी से कभी कहा तक नहीं। उन गहराइयों को कोई नहीं समझ पाया, जहाँ आप अकेले गए थे – चुपचाप, टूटकर। लेकिन अब वक़्त आ गया है, **खुद से मिलने का।** याद करने का कि आप केवल एक कहानी नहीं, बल्कि एक ब्रह्मांड हो – अधूरा नहीं, बल्कि **असीम।**

यह पुस्तक आपको कुछ "सिखाने" नहीं आई, बल्कि आपकी आत्मा को वह "याद" दिलाने आई है, जो आपके जन्म से पहले भी सच था। हर पंक्ति, हर शब्द, हर विराम, इस किताब में एक **ऊर्जा** है, एक **स्पंदन**, एक **जागृति।** जब आप इसे पढ़ोगे, यह सिर्फ शब्द नहीं बोलेंगे, यह आपके भीतर कुछ खोलेंगे।

7

तो पढ़ो... लेकिन आंखों से नहीं, दिल से। और जब कभी रोना आए रो लेना। जब कभी कोई पुराना घाव चुभे – थम जाना। क्योंकि यही **शुरुआत है पुनर्जन्म की।**

आप केवल पाठक नहीं हो, आप इस यात्रा के सह-यात्री हो।

मैं आपका आभार नहीं, **आपका स्वागत करता हूँ आपकी इस अंतर्मन की यात्रा पर**

प्रेम और चेतना के साथ,

ऋषि मुदगल

तुम असीम संभावनाओं से भरे हो

क्या आप जानते हैं कि आपके अंदर एक ऐसी शक्ति सोई हुई है, जो न सिर्फ आपके विचारों को, बल्कि आपके पूरे जीवन की दिशा को बदल सकती है? एक ऐसी शक्ति, जो न तो आपके अतीत से बंधी है, न ही किसी और के बनाए हुए सीमित विचारों से। यह शक्ति है – आपका अवचेतन मन। यही वह चुपचाप काम करने वाला हिस्सा है, जो हर क्षण आपके विचारों, विश्वासों, भावनाओं और ऊर्जा को एक आदेश की तरह स्वीकार करता है और फिर उसी के अनुसार आपकी वास्तविकता का निर्माण करता है। लेकिन दुख की बात यह है कि ज़्यादातर लोग इस शक्ति को पहचान ही नहीं पाते – क्योंकि उन्होंने कभी अंदर झाँककर देखा ही नहीं।

इस पुस्तक में आप उसी अंतर्यात्रा पर निकलने वाले हैं – एक ऐसी अंतर्यात्रा, जहाँ आप पहली बार अपनी असली शक्ति से, अपनी असीमित पहचान से, अपने 'स्व' से मिलेंगे। यह कोई साधारण किताब नहीं है, यह आपके अंदर के उस बंद दरवाज़े की चाबी है, जिसे खोलते ही आप जानेंगे कि आप कभी भी असहाय नहीं थे, आप केवल भूले हुए थे कि आप कौन हैं।

यहाँ से शुरू होती है वह यात्रा जहाँ शब्द नहीं, अनुभव बोलते हैं... जहाँ पंक्तियाँ नहीं, अहसास बदलते हैं... और जहाँ हर अध्याय आपके

अंदर की एक नयी जागृति को जन्म देता है। तो अगर आप तैयार हैं – खुद से मिलने, खुद को फिर से पहचानने और उस चमत्कारी शक्ति को जगाने के लिए जो वर्षों से आपके भीतर इंतज़ार कर रही है – तो इस पन्ने से ही आपका नया जीवन शुरू हो सकता है।

अवचेतन मन का रहस्य

क्या आपने कभी ऐसा महसूस किया है, कि आप कुछ बड़ा करना चाहते हैं, लेकिन अंदर से कोई अदृश्य शक्ति आपको हर बार रोक देती है? जैसे कोई छाया, जो आपके हर कदम के साथ चलती है, लेकिन आपको कभी आगे नहीं बढ़ने देती। आप जानते हैं कि आप अपनी जिंदगी में बहुत कुछ बड़ा कर सकते है, लेकिन कोई पुराना घाव, कोई अनकही बात, कोई अदृश्य प्रोग्राम, हर बार आपको उसी पुराने जीवन में खींच लाता है, जहाँ से आप बाहर निकलना चाहते हैं ।

यही प्रोग्राम है – आपका अवचेतन मन। आपके जीवन का 95% हिस्सा उसी प्रोग्राम के अनुसार चलता है जो बचपन के अनुभवों, समाज की बातों, असफलताओं के घाव, और अनजाने डर से आपके अंदर भर दिया गया था। आपकी सोच, आपकी भावनाएँ, आपके निर्णय, यहां तक कि आपकी चुप्पी भी – उसी अदृश्य स्क्रिप्ट से चलती है जिसे आपने कभी खुद लिखा ही नहीं।

आप नये सपने देखते हैं, नये इरादे बनाते हैं, पर भीतर से एक पुरानी आवाज़ गूंजती है: "तू नहीं कर पाएगा...", "तेरे बस की बात नहीं है...", "लोग क्या कहेंगे...", "अभी वक़्त नहीं है..."। ये आवाज़ें आपकी आत्मा की नहीं हैं – ये बीज हैं, जो किसी और ने आपके भीतर बो दिए

थे। और अब वही बीज आपके जीवन का जंगल बन चुके हैं, जिसमें आप खो चुके हैं।

लेकिन यहीं पर एक चमत्कार छिपा है। यह प्रोग्रामिंग बदली जा सकती है। आप अपने अवचेतन मन को नये आदेश दे सकते हैं। उसे सिखा सकते हैं कि आप सक्षम हैं, योग्य हैं, प्रेम योग्य हैं, और आपको हर वह चीज़ मिल सकती है जिसकी आपको तलाश है। और जैसे ही अवचेतन मन इसे मानने लगता है – आपकी पूरी हकीकत बदलने लगती है।

अवचेतन मन तर्क नहीं समझता, वह भावना समझता है। जब आप उसे बार-बार एक भावनाओं के साथ छवि दिखाते हैं – जैसे कि आप पहले से सफल हैं, पहले से आनंदित हैं, पहले से भरपूर हैं – तो वह उस छवि को आपकी सच्चाई मान लेता है, और आपकी वह छवि वास्तविकता का रूप लेने लगती है।

यही वो रहस्य है, जिसे दुनिया के सबसे सफल लोग जानते हैं। वे अपने अवचेतन मन के साथ संवाद करना सीखते हैं। और जब अवचेतन मन बदलता है – तब वह पूरी सृष्टि को आपके लिए बदल देता है।

अब ज़रा कल्पना कीजिए – एक नई सुबह। जब आप गहरी नींद से जागते हैं, और पहली साँस लेते ही आपका मन कहता है: "मैं असीमित हूँ… मैं सब कुछ कर सकता हूँ… सारा ब्रह्मांड मेरी ऊर्जा के साथ काम कर रहा है…"। उस पल कुछ बदलने लगता है – अंदर भी और बाहर भी।

यही है इस पुस्तक का पहला उपहार – **जागृति**। एक ऐसा स्पर्श जो आपकी आत्मा को झिंझोड़ता है और कहता है: "तू अब भी वहीं नहीं अटका है, तू बस भूल गया है कि तुझे इस ब्रह्माण्ड ने खुद रचा है, तू इस ब्रम्हांड का ही तो अंश है।

तो क्या आप तैयार हैं? आपका अवचेतन मन सुन रहा है... वह जाग रहा है... और अब वह तैयार है – नए आदेशों के लिए, एक नई पहचान के लिए, और एक नये जीवन के लिए। आइए, इस चमत्कारी यात्रा में पहला क़दम बढ़ाएँ। आपका स्वागत है... **आत्म जागृति** में।

इरादा और तीव्रता
सफलता की अनिवार्य चाबी

कल्पना कीजिए... कोई बीज धरती के गर्भ में पड़ा है। उसमें सम्पूर्ण वृक्ष छुपा है – उसकी शाखाएँ, पत्ते, फल, फूल... लेकिन क्या यह बीज बिना सूर्य, जल और मिट्टी के पोषण के स्वयं वृक्ष बन सकता है? नहीं। वैसे ही आपका कोई भी सपना बिना 'इरादे' और 'तीव्रता' के साकार नहीं हो सकता।

सपना देखना पर्याप्त नहीं है। चाहना भी पर्याप्त नहीं है। ब्रह्मांड में वही इच्छाएँ पूरी होती हैं जो स्पष्ट होती हैं, जिनमें गहरी तीव्रता होती है। जब आप पूरे दिल, पूरे विश्वास, पूरे जुनून के साथ कुछ चाहते हैं – तब सारी कायनात उसे आपकी ओर खींचने लगती है।

इरादा वह बीज है जो आपके मन में बोया जाता है। लेकिन उसकी शक्ति तब प्रकट होती है जब उसमें तीव्रता का जल पड़ता है। जब तक आपकी इच्छा मात्र सतही है, वह ब्रह्मांड तक नहीं पहुँचती। लेकिन जिस दिन आपकी इच्छा इतनी तीव्र हो जाती है कि आपकी हर श्वास, हर सोच, हर भावना उसी के इर्द-गिर्द घूमने लगती है – तब ब्रह्मांड उसकी राहें बनाने लगता है।

आपका इरादा जितना साफ़ होगा, उसकी तीव्रता जितनी अधिक होगी – उतनी ही तेज़ी से आपकी वास्तविकता बदलनी शुरू होगी।

जरा महसूस कीजिए... किसी एक बड़े लक्ष्य के बारे में सोचिए, जिसे आप पाना चाहते हैं। अब अपनी आँखें बंद कीजिए... महसूस कीजिए कि वह लक्ष्य अभी-अभी पूरा हो गया है। आपकी धड़कनें तेज़ हैं, आपकी आँखों में चमक है, शरीर में कंपन है... इस ऊर्जा को महसूस कीजिए। यही तीव्रता है।

जब यह तीव्रता हर दिन आपके भीतर जीवित रहेगी – तब आप स्वयं देखेंगे कि कैसे अनजानी राहें खुलने लगेंगी, संयोग बनेंगे, लोग मिलेंगे, अवसर आएंगे। ध्यान रहे, आधे मन से किया गया संकल्प कभी पूर्ण फल नहीं देता। पूरी तरह समर्पित इच्छा ही ब्रह्मांड को सक्रिय करती है।

तो तय कीजिए – क्या आप अपने सपनों को केवल सोचते रहना चाहते हैं या उन्हें सच्चाई में बदलना चाहते हैं? यदि हाँ – तो अपने इरादे को आज ही साफ़ कीजिए... उसकी तीव्रता को बढ़ाइए... और देखिए चमत्कार। क्योंकि जब इरादा स्पष्ट हो और तीव्रता गहरी हो तो पूरी सृष्टि आपके लिए रास्ता बनाती है।

विज़ुअलाइज़ेशन – कल्पना की शक्ति

क्या आपने कभी खुद से पूछा है – **"क्या मेरे सपने सच हो सकते हैं?"** और फिर अंदर से एक धीमी-सी आवाज़ आई हो – **"पता नहीं…"** यही वो क्षण होता है जब आपकी कल्पना की शक्ति सोई हुई होती है। हममें से ज़्यादातर लोग सपने तो देखते हैं, लेकिन उन्हें **महसूस** नहीं करते। और यहीं विज़ुअलाइज़ेशन, यानी **कल्पना की शक्ति**, वह पुल बनती है जो आपके सपने और आपकी सच्चाई के बीच खड़ा होता है।

जब आप किसी चीज़ की गहराई से कल्पना करते हैं – जैसे कि एक बेहतर जीवन, सफलता, प्यार, या समृद्धि – तो आपका मस्तिष्क उसे असली अनुभव मानता है। उसे फर्क नहीं पड़ता कि वह बात सचमुच घटी है या केवल आपके मन में। आपके शरीर की केमिस्ट्री, आपके विचारों की धारा, और आपके निर्णय लेने की क्षमता – सब बदलने लगते हैं।

लेकिन दुख की बात यह है कि अधिकतर लोग अपनी कल्पना का उपयोग अपने पुराने ज़ख्मों, डर और असफलताओं को दोहराने में करते हैं। वे हर दिन यह सोचते हैं कि "मेरे पास कुछ नहीं है", "मेरे साथ तो हमेशा ऐसा ही होता है", "मेरे सपने पूरे नहीं हो सकते।" और जब आप इन बातों को बार-बार सोचते हैं, तो आप उन्हें ही अपने जीवन में खींचते हैं। आपकी कल्पना ही **आपकी सच्चाई बन जाती है।** अब

सोचिए, अगर आप उसी कल्पना का प्रयोग अपनी मनचाही जिंदगी की तस्वीरें बनाने में करें – तो क्या होगा?

कल्पना कीजिए कि आप सुबह उठते ही अपनी आँखें बंद करते हैं... और खुद को एक ऐसी ज़िंदगी में पाते हैं जहाँ सब कुछ वैसा ही है जैसा आप चाहते हैं। आप स्वस्थ हैं, आत्मविश्वासी हैं, प्यार से घिरे हुए हैं, आर्थिक रूप से स्वतंत्र हैं, और गहराई से संतुष्ट हैं। अब वो केवल सपना नहीं रहा...अब वो **अनुभव** बन गया है – और यही अनुभव आपके दिमाग में एक नया रास्ता बनाता है।

विज़ुअलाइज़ेशन सिर्फ कोई जादू नहीं है, यह **वैज्ञानिक रूप से प्रमाणित तकनीक** है। यह न्यूरोप्लास्टिसिटी का प्रयोग करके आपके मस्तिष्क में नए न्यूरल नेटवर्क बनाता है, जो आपकी आदतों, निर्णयों और संभावनाओं को पूरी तरह बदल सकते हैं।

दुनिया के हर सफल व्यक्ति ने अपने सपनों को सबसे पहले **अंदर** देखा था चाहे वो ओलंपिक खिलाड़ी हो, अरबपति व्यवसायी, या कोई महान कलाकार। उन्होंने पहले खुद को उस जगह पर **देखा** था, महसूस किया था, जिया था फिर उन्होंने बाहरी दुनिया में उसे **बनाया।**

अगर आप अपने सपनों को सिर्फ सोचते हैं – वो अधूरे रह जाते हैं। लेकिन जब आप उन्हें रोज़ महसूस करते हैं, देखते हैं, उसमें जीते हैं तो ब्रह्मांड आपके उस कंपन (vibration) को पहचान लेता है और आपको वैसी ही परिस्थितियाँ, लोग और मौके देना शुरू कर देता है।

इसलिए विज़ुअलाइज़ेशन सिर्फ सहायक नहीं है, यह **आवश्यक** है। यह आपके सपनों को ऊर्जा देता है, दिशा देता है और **हकीकत में बदलने का रास्ता** बनाता है। **अब निर्णय आपका है, क्या आप अपने सपनों को बस देखना चाहते हैं या उन्हें जीना चाहते हैं?** आपका जीवन बदल सकता है, बस आपको अपनी आँखें बंद कर, **अंदर देखना होगा, क्योंकि जो आप अंदर देख सकते हैं, वो आप बाहर बना सकते हैं।**

न्यूरोप्लास्टिसिटी
नये रास्तों का निर्माण

कल्पना कीजिए... आपके मस्तिष्क के भीतर लाखों-करोड़ों तारों जैसे Neurons हैं, जो लगातार जुड़ते, टूटते और नये रास्ते बनाते रहते हैं। ये रास्ते ही आपके विचारों, भावनाओं, आदतों और व्यवहारों के असली मार्ग हैं। इस अद्भुत प्रक्रिया को कहते हैं – न्यूरोप्लास्टिसिटी।

जिस तरह नदी का पानी जिस मार्ग से बार-बार बहता है, वहीं वह अपना रास्ता बना लेता है; ठीक उसी तरह आपके दिमाग में भी जो विचार, जो भावना, जो आदतें बार-बार दोहराई जाती हैं, वे स्थायी रास्ते बन जाती हैं। यही कारण है कि कुछ आदतें हमें बार-बार उसी तरह सोचने, महसूस करने और करने पर मजबूर करती हैं।

लेकिन... यह कहानी यहीं खत्म नहीं होती। क्योंकि न्यूरोप्लास्टिसिटी का अर्थ है – परिवर्तन की शक्ति। नये विचार, नयी कल्पनाएँ, नये विश्वास आपके मस्तिष्क में नये न्यूरल पाथवे (Neural Pathways) बना सकते हैं। और जैसे-जैसे आप बार-बार किसी नयी सोच, नये संकल्प, नये अभ्यास को दोहराते हैं, वह नया रास्ता गहरा और मजबूत होने लगता है। पुरानी सीमाएँ, पुराने डर, पुराने दोष – सब धीरे-धीरे मिटने लगते हैं।

कल्पना कीजिए... जैसे आपके मस्तिष्क में एक पुराना रास्ता है – 'मैं असफल हूँ', 'मैं योग्य नहीं हूँ', 'मैं डरता हूँ' – और आपने अब नया रास्ता बनाना शुरू किया – 'मैं सक्षम हूँ', 'मैं प्रेम हूँ', 'मैं असीमित हूँ'। जैसे-जैसे आप इस नयी राह पर बार-बार चलते हैं, पुरानी पगडंडी घास में छिप जाती है, मिट जाती है... और नया रास्ता राजमार्ग बन जाता है।

यही है मस्तिष्क की असली चमत्कारी शक्ति। यही है आपके Limitless You की असली कुंजी। अब प्रश्न है – आप किस रास्ते को गहरा कर रहे हैं? डर और कमजोरी का? या विश्वास और शक्ति का? हर दिन, हर विचार, हर भावना आपके भीतर या तो नया शक्तिशाली रास्ता बना रही है – या पुरानी जंजीरों को और मजबूत कर रही है।

अब समय है निर्णय का। नये विचार, नये विश्वास, नये अनुभवों को चुनिए। प्रतिदिन नए सकारात्मक Neural Pathways बनाइए। और देखिए कैसे आपका मन, शरीर और जीवन पूरी तरह बदलने लगेंगे। क्योंकि परिवर्तन आपके अंदर है... आपके मस्तिष्क के भीतर।

Limitless You **अब जागना चाहता है... क्या आप उसे अवसर देंगे?**

आत्म-छवि का महत्व

कल्पना कीजिए... आप एक आईने के सामने खड़े हैं। उस आईने में जो चेहरा दिख रहा है... क्या वह वास्तव में आपका है? या वह है जो दुनिया ने आपको बना दिया?

कितनी बार बचपन में किसी ने कहा होगा – "तू कुछ नहीं कर सकता... तुझसे नहीं होगा... तू कमजोर है... तेरा भाग्य खराब है... तू सुंदर नहीं है... तू काबिल नहीं है..." और वो शब्द आपके भीतर बीज बनकर बो दिए गए। ये बीज धीरे-धीरे जड़ें बनाते गए... शाखाएँ फैलती गईं... और आज जब भी आप कोई बड़ा सपना देखते हैं, वही पुराने

शब्द धीरे से आपके कान में कहते हैं – "ये तेरे बस का नहीं है... छोड़ दे... तुझसे नहीं होगा।"

यही है आत्म-छवि की शक्ति। जो आप भीतर से अपने बारे में सोचते हैं – वही आपकी बाहरी दुनिया बन जाती है। अगर आप खुद को असफल, दुर्बल, अयोग्य मानते हैं तो बाहर की दुनिया आपके साथ वैसा ही व्यवहार करेगी। लोग भी वही दिखाएँगे जो आपके अंदर छिपा है। यह ब्रह्मांड आपके अंदर की छवि को ही प्रतिबिंबित करता है।

सोचिए... जब आप किसी कमरे में प्रवेश करते हैं, क्या आप सिर झुकाकर, खुद को छोटा मानते हुए घुसते हैं? क्या आप दूसरों से नज़र चुराते हैं? क्या आप अंदर से डरे, हारे, थके हुए होते हैं?

यदि हाँ... तो यही आपकी आत्म-छवि है... और यही आपकी दुनिया बन चुकी है। लेकिन रुकिए... एक क्षण ठहरिए... एक गहरी साँस लीजिए... और सोचिए – क्या यही सच्चाई है? या यह केवल पुराने झूठ हैं, जो बार-बार दोहराए गए और सच बन गए?

आप जन्म से असीमित हैं। आप अपूर्ण नहीं, सम्पूर्ण हैं। आपकी आत्मा में कोई कमी नहीं है। अब समय है उस आत्म-छवि को बदलने का। उस पुराने आईने को तोड़ने का जिसमें आपके डर, आपकी असफलताएँ, आपके अपमानों की परछाई जमी है। नया आईना लाने का जिसमें आप स्वयं को सशक्त, सुंदर, आत्मविश्वासी, प्रेम से भरे, सफल और असीमित देख सकें।

याद रखिए – आपके हर विचार का कंपन आपके शरीर की प्रत्येक कोशिका तक पहुँचता है। जब आप स्वयं को असफल मानते हैं, तो आपकी ऊर्जा सिकुड़ जाती है, आपकी पीठ झुक जाती है, आपकी आँखों की चमक बुझ जाती है। पर जब आप स्वयं को शक्तिशाली मानते हैं... तो आपकी ऊर्जा आसमान छूने लगती है।

कल्पना कीजिए – आप सुबह उठते हैं और आईने में मुस्कुराते हुए कहते हैं – "मैं योग्य हूँ। मैं समर्थ हूँ। मैं प्रेम हूँ। मैं असीमित हूँ।" यही नए विचार हैं जो आपकी नयी आत्म-छवि बनाएँगे।

और धीरे-धीरे, हर दिन, हर क्षण... आपकी यह नयी छवि आपके भीतर गहराई तक जाएगी। आपकी चाल बदल जाएगी। आपकी आवाज़ बदल जाएगी। आपकी दुनिया बदल जाएगी। क्योंकि जब आप भीतर बदलते हैं... तभी बाहर की दुनिया बदलती है।

दुनिया के महान और सफल व्यक्ति ने पहले अपनी आत्म-छवि बदली... उन्होंने खुद को वह देखा जो वे बनना चाहते थे... और फिर पूरी दुनिया ने उन्हें वही माना। **आप भी कर सकते हैं। अभी से। इस क्षण से।**

टेलीपैथी और टेलीकिनेसिस
मन की अदृश्य शक्ति

कल्पना कीजिए... आप एक शांत, अंधेरे कमरे में बैठे हैं। बाहर सन्नाटा है, पर अंदर आपका मन जाग रहा है। आपकी आँखें बंद हैं, लेकिन आपकी चेतना की आँखें पूरी तरह खुल चुकी हैं। आपकी ऊर्जा धीरे-धीरे चारों ओर फैलने लगी है, जैसे किसी गहरे महासागर में लहरें... और आप उन सभी लोगों से जुड़ने लगे हैं जिनके बारे में आप सोचते हैं।

क्या आपने कभी सोचा है... जब आप अचानक किसी के बारे में सोचते हैं और उसी पल उसका संदेश या कॉल आ जाता है – क्या ये सिर्फ संयोग है? नहीं... यह है आपके भीतर की सोई हुई टेलीपैथी। वह शक्ति, जो आपके विचारों को अदृश्य तरंगों में बदलकर दूसरे के अवचेतन तक पहुँचा देती है।

रूसी वैज्ञानिक व्लादिमीर बेकटेरेव और अमेरिकी शोधकर्ता जे.बी. राइन ने वर्षों पूर्व ही टेलीपैथी पर शोध कर सिद्ध किया था कि मनुष्य के मस्तिष्क से निकलने वाली तरंगें मीलों दूर तक जाती हैं। हृदय से निकली भावनाओं की तीव्रता इस संचार को और भी शक्तिशाली बनाती है। जितनी गहराई से आप किसी भावना को महसूस करते हैं – प्रेम, क्रोध, करुणा – उतनी ही तीव्रता से वह तरंगें दूसरों के मन तक

पहुँचती हैं। आप चाहें तो चुपचाप प्रेम, शुभकामना, क्षमा, ऊर्जा किसी को भी भेज सकते हैं... और वह उसे निस्संदेह अनुभव करेगा।

अब कल्पना कीजिए... टेलीकिनेसिस। जब आपका मन पदार्थ को भी प्रभावित कर सकता है। जापानी वैज्ञानिक मासारू इमोटो ने जल के क्रिस्टलों पर ध्यान केंद्रित कर यह सिद्ध किया कि प्रेम और कृतज्ञता से भरे शब्दों से जल के क्रिस्टल सुन्दर और पूर्ण बनते हैं जबकि नकारात्मक विचार विकृत आकृति उत्पन्न करते हैं।

क्वांटम भौतिकी कहती है – अवलोकनकर्ता स्वयं परिणाम तय करता है (Observer Effect)। इसका अर्थ है – आपका विचार, आपका भाव, आपका इरादा – ब्रह्मांड के प्रत्येक कण तक पहुँचता है और उसे रूपांतरित करता है।

कल्पना कीजिए... आप अपने हाथ में एक गिलास जल लिए हैं... आप उसमें प्रेम, ऊर्जा, आभार भेज रहे हैं... और वह जल बदल रहा है... उसकी संरचना, उसकी शक्ति, उसकी चेतना। यह केवल कल्पना नहीं है... यह वैज्ञानिक सत्य है।

आपका मन कंपन उत्पन्न करता है। जब आप नकारात्मक सोचते हैं, ऊर्जा सिकुड़ती है, जब आप प्रेम, करुणा, शक्ति से भर जाते हैं – आपकी ऊर्जा फैलती है, वस्तुओं, लोगों, घटनाओं को छूने लगती है।

जिन लोगों ने इस अदृश्य शक्ति को पहचाना – वे ही दुनिया को नये आकार दे सके। आपके अंदर भी वही शक्ति है। उस असीमित चेतना को जगाइए... अभ्यास कीजिए... ध्यान कीजिए। धीरे-धीरे आपके अनुभव गहरे होने लगेंगे। आप शब्दों के बिना संवाद कर पाएँगे... आप अपनी ऊर्जा से वस्तुओं पर प्रभाव डाल पाएँगे।

क्योंकि आप सीमित शरीर नहीं हैं... आप असीम शक्ति हैं... चेतना हैं... ऊर्जा हैं। Limitless You **अब जागना चाहता है... क्या आप उस शक्ति को स्वीकार करेंगे?**

विचारों की शक्ति और आत्मसंवाद
जहाँ सोच बदलती है, वहाँ सृष्टि बदल जाती है

हर सुबह जब आप जागते हैं, तो सबसे पहला चेहरा जो आप देखते हैं – वह है **आप खुद का**। पर क्या आपने कभी ध्यान दिया है, आप खुद को **कैसे देखते हैं?** क्या उस चेहरे में आत्मविश्वास होता है या थकावट? क्या आँखों में चमक होती है या खोया हुआ सा खालीपन? और इसका जवाब कहीं बाहर नहीं, **आपके विचारों में छुपा होता है।**

आपके विचार वो बीज हैं जो हर दिन बोए जाते हैं, आपके मन में, आपकी चेतना में, और धीरे-धीरे... **आपके भाग्य में।** जैसे ही आप सोचते हैं **"मुझे कुछ भी ठीक से नहीं आता," "लोग मुझे समझते नहीं," "मैं हमेशा पीछे रह जाता हूँ"** तो समझिए – आपने अपने भीतर ऐसी कहानी लिख दी है जिसका अंत पहले से ही तय कर दिया गया है – और वो अंत अक्सर **दर्द, संघर्ष** और **अधूरापन** से भरा होता है।

विचार: वो मौन निर्माता

आपका हर विचार एक **कंपन** (vibration) है। यह कंपन सिर्फ आपके मन तक सीमित नहीं रहता , यह आपकी ऊर्जा बन जाता है, आपकी भाषा बन जाता है, और फिर वह भाषा आपके रिश्तों, फैसलों,

और जीवन की हर स्थिति में उतर जाती है। आपके विचार आपकी चाल को प्रभावित करते हैं। वे आपकी आवाज़ का उतार-चढ़ाव तय करते हैं। आपका आत्म-सम्मान, आपकी बॉडी लैंग्वेज, आपकी आँखों की रोशनी, सब कुछ आपकी सोच की **प्रतिबिंब** बन जाता है।

अब सोचिए, अगर विचारों में बार-बार वही पुरानी कहानी घूमती रहे, **"मेरे साथ हमेशा गलत ही होता है…"** **"कोई मेरा नहीं है…"**, **"मुझे खुद से नफ़रत है…"** तो आप भले ही बाहर से मुस्कराएँ, अंदर ही अंदर आप टूटते रहेंगे…एक ऐसी धीमी मौत, जिसका शोर कोई नहीं सुनता – **यहाँ तक कि आप खुद भी नहीं।**

आत्मसंवाद: जो आप खुद से कहते हैं, वही आप बनते हैं

हम पूरे दिन किसी न किसी से बात करते हैं, लेकिन जो संवाद सबसे गहरा असर करता है, वो है **आपका खुद से किया गया संवाद।** कभी ज़रा गौर से सुनिए – आप खुद से कैसे बात करते हैं? क्या आप खुद को प्रोत्साहित करते हैं, या हर गलती पर खुद को अपशब्द कहते हैं? क्या आप खुद को माफ़ कर पाते हैं, या हर पुरानी चोट को फिर से कुरेदते हैं?

बहुत से लोग दूसरों के लिए दया और प्रेम रखते हैं, लेकिन जब बात खुद की आती है, तो वह सबसे कठोर आलोचक बन जाते हैं। अपने ही भीतर एक ऐसा न्यायाधीश पाल लेते हैं जो उन्हें बार-बार सज़ा देता है – कभी अपने शरीर के लिए, कभी रिश्तों के लिए, कभी बीते फैसलों के लिए। यह आत्मसंवाद ही हमारे भीतर की पहचान तय करता है। और जब वह संवाद विषाक्त होता है, तो हमारी आत्मा भी धीरे-धीरे ज़हर पीने लगती है।

अफ़र्मेशन: पुनर्जन्म की चाबी

अब कल्पना कीजिए...अगर आप इस आत्मसंवाद को बदल दें? अगर आप खुद से वैसी भाषा में बात करें जिस भाषा में एक माँ अपने बच्चे से करती है, या एक गुरु अपने शिष्य से...**अफ़र्मेशन वही भाषा है।** यह वो **जादुई वाक्य** हैं जिन्हें आप बार-बार दोहराते हैं, न केवल अपने मस्तिष्क को बदलने के लिए, बल्कि अपने भाग्य की दिशा मोड़ने के लिए।

जब आप कहते हैं, "**मैं बदल रहा हूँ**,", "**मेरा जीवन प्रेम और प्रकाश से भर रहा है,**" तो आप खुद को **वर्तमान की घुटन से मुक्त करके भविष्य की उड़ान देने लगते हैं।** अफ़र्मेशन नए न्यूरल पाथवे बनाते हैं। और जो बात पहले सिर्फ 'कल्पना' थी, धीरे-धीरे वो **नया यथार्थ** बन जाती है।

महसूस किए बिना अफ़र्मेशन मृत है, लेकिन याद रखिए...**अफ़र्मेशन सिर्फ दोहराने से नहीं चलते।** जैसे मंत्र की शक्ति भावना और भक्ति से जुड़ी होती है, वैसे ही अफ़र्मेशन की शक्ति भी **भावना में बसी होती है।** जब आप कहते हैं – "**मैं सुरक्षित हूँ,**" तो उसे सिर्फ कहिए नहीं, उस सुरक्षा को अपने चारों ओर महसूस कीजिए, जैसे ब्रह्मांड ने आपको ढँक लिया हो। जब आप कहते हैं – "**मैं क़ीमती हूँ,**" तो दिल से कहिए, जैसे आत्मा उस वाक्य को सुनकर मुस्करा रही हो। यह अनुभव ही बदलाव की जड़ है।

आपके भीतर की आवाज़ ही आपकी दिशा तय करती है

हर दिन, हर पल, आप खुद को **या तो ऊपर उठा रहे हैं,** या **धीरे-धीरे गिरा रहे हैं।** आपके शब्द ब्रह्मांड के लिए संकेत हैं। जैसे ही आप किसी वाक्य को बार-बार बोलते हैं, ब्रह्मांड उसी की ओर आपको ढकेलना शुरू कर देता है। इसलिए अगर आप बदलना चाहते हैं, तो सबसे पहले **बोलना** बदलिए। फिर धीरे-धीरे सोच बदल जाएगी, और सोच बदलने के बाद, जीवन खुद बदलने को मजबूर हो जाएगा।

"आपके विचार आपकी कूंची हैं।आपका आत्मसंवाद आपका कैनवास। और आपके Affirmations आपकी स्याही। अब फैसला आपका है क्या आप अपनी कहानी पुराने ज़ख्मों से लिखेंगे, या नई उम्मीदों से?" क्योंकि जो आप खुद से कहते हैं, वही एक दिन ब्रह्मांड आपको लौटाता है। आज से...नई भाषा बोलिए। नई कहानी लिखिए। क्योंकि आप **सीमित नहीं हैं...आप हैं** - LIMITLESS YOU.

एंकर - त्वरित परिवर्तन का रहस्य

कभी आपने सोचा है कि एक ख़ुशबू क्यों बचपन की किसी याद में ले जाती है? कोई गाना क्यों एकदम से आँखे नम कर देता है? या किसी खास शब्द से क्यों एक आत्मविश्वास की लहर दौड़ जाती है? ये सब **एंकर** हैं। हमारे अवचेतन मन में छुपे **जादुई स्विच।**

जब जीवन थम-सा जाए...

जब अंदर से टूटे हुए हों, जब दुनिया से हार मान लेने का मन करे... जब सब कुछ खोखला लगे और किसी को बताना भी मुश्किल हो – तब ज़रूरत होती है एक ऐसे स्पर्श की, एक ऐसे संकेत की... जो भीतर के उजाले को फिर से जगा दे। एक एंकर वही करता है – वो आपको उस शक्तिशाली अवस्था में ले जाता है जिसे आपने कभी जिया था... जब आप हिम्मत थे, उम्मीद थे, प्रेम थे।

एंकर क्या होता है?

एंकर एक **विशिष्ट संकेत** होता है – स्पर्श, शब्द, आवाज़, गंध या दृश्य – जो आपके अंदर किसी विशेष भावना या स्थिति को तुरंत सक्रिय कर देता है। जैसे अगर किसी ने कभी आपको "शाबाश!" कहकर सर पे हाथ रखा हो और उसी क्षण आपने जीत का स्वाद चखा हो... तो भविष्य में वही शब्द और वही स्पर्श आपको फिर से उसी ऊर्जा में पहुँचा सकता है।

किसी विशेष गीत को सुनते ही आंखों में आँसू आना – क्योंकि वो दर्द आपके अवचेतन से जुड़ चुका है। अब सोचिए, जब हम दर्द से जुड़ सकते हैं, तो क्या हम **सशक्तता** से नहीं जुड़ सकते?

एंकर से कैसे बदलें अपनी भावनात्मक स्थिति?

कल्पना कीजिए, आप आँखें बंद करते हैं... और अपने जीवन की उस स्थिति को याद करते हैं जब आपने खुद को बेहद ताक़तवर, आत्मविश्वासी, और प्रेम से भरा हुआ महसूस किया था। अब उसी भावना की ऊँचाई पर पहुँचकर आप अपनी उँगलियों को जोड़ते हैं... या अपना दिल छूते हैं... या कोई खास शब्द बोलते हैं – **"मैं सक्षम हूँ"।**

ये क्रिया ही बन जाती है आपका एंकर। और अगली बार जब आप टूटते हैं, थकते हैं, डरते हैं, आप बस वही एंकर दोहराते हैं... और शरीर की ऊर्जा बदल जाती है।

एंकर: त्वरित परिवर्तन का रहस्य क्यों?

क्योंकि हमारा शरीर और मन **प्रोग्रामिंग** से चलता है। एक सही एंकर, आपको दर्द से बाहर खींच सकता है, नकारात्मक विचारों से दूर कर सकता है और आपको एक ऐसे भाव में ला सकता है – जहाँ से **निर्णय, क्रिया और परिवर्तन** सम्भव है।

जब हम अंदर से हिल जाते हैं, तो बाहरी दुनिया का सामना करना असंभव लगता है। लेकिन जब हमारे पास एक एंकर होता है, हम खुद के सबसे गहरे हिस्से से फिर से जुड़ जाते हैं।

एक गाइडेड एंकरिंग विज़ुअलाइज़ेशन:

बैठ जाइए... आँखें बंद कीजिए... और गहरी साँस लीजिए...

अब उस पल को याद कीजिए...जहाँ आपने खुद को सबसे ज़्यादा मजबूत, निडर और सक्षम महसूस किया था...वो जगह... वो लोग... वो भाव... सब कुछ महसूस कीजिए... अब जैसे ही वो भावना अपने शिखर

पर पहुँचे...अपनी दो उंगलियों को जोड़िए... या अपनी छाती पर हल्का स्पर्श दीजिए...और एक वाक्य बोलिए *"यही हूँ मैं। यही मेरी शक्ति है।"* इस प्रक्रिया को 3 बार दोहराइए... अब आँखें खोलिए।   आपने अपने अंदर एक एंकर जगा लिया है।

भावनात्मक बंधनों को काटने का तरीका

हम जीवन में कई ऐसे एंकर भी बना लेते हैं जो हमें तकलीफ़ देते हैं, जैसे कोई शब्द जो आत्म-संदेह जगाता है, या कोई स्पर्श जो हमें याद दिलाता है कि हम कमज़ोर थे।

अब समय है उन पुराने एंकरों को बदलने का। उन्हें पहचानिए, उनसे अलग होइए...और नए एंकर बनाइए – प्रेम, शक्ति, और आत्म-स्वीकृति के। जब भी लगे कि आप डगमगा रहे हैं...जब भी लगे कि आप खो गए हैं...तो याद रखिए – आप के अंदर ही वो स्विच है जो सब बदल सकता है। बस उसे छूने की देर है।

आपका एंकर ही है, आपके परिवर्तन की चाबी।

ध्यान
उस द्वार के पार जहाँ चमत्कार जन्म लेते हैं

कभी-कभी जीवन इतना शोर करने लगता है कि हमारी आत्मा की आवाज़ हम तक पहुँच ही नहीं पाती। हर दिन हम जागते हैं, दौड़ते हैं, निभाते हैं... और रात होते-होते थक जाते हैं। पर वो थकावट सिर्फ शरीर की नहीं होती – वो मन की होती है, आत्मा की होती है। ऐसी थकावट जिसे कोई नींद नहीं मिटा सकती, क्योंकि वो भीतर की अधूरी बातचीत से आई है। वो बातचीत जो हमने कभी खुद से नहीं की।

ध्यान, उसी खोई हुई बातचीत की वापसी है। ध्यान का अर्थ सिर्फ आँखें बंद करना या चुप बैठना नहीं है। ध्यान वो **आंतरिक स्पेस** है जहाँ तुम खुद से मिलते हो, बिना मास्क, बिना अपेक्षा, बिना भूमिका।

ध्यान: मन से आत्मा तक की यात्रा

ध्यान वो अदृश्य पुल है जो तुम्हें तुम्हारे सचेतन मन से अवचेतन गहराई में ले जाता है। सचेतन मन, जो दिनभर सक्रिय रहता है, निर्णय करता है, तुलना करता है, चिंताएँ पालता है – वह सिर्फ सतह है। पर तुम्हारा असली रूप, तुम्हारी ऊर्जा, तुम्हारी क्षमता सबकुछ उस गहराई

30

में है जहाँ विचार शांत होते हैं, और चेतना की लहरें सिर्फ महसूस की जाती हैं। जब तुम ध्यान में उतरते हो, तो ऐसा लगता है मानो तुमने बाहर की दुनिया को धीमा कर दिया हो। अब हर आवाज़, हर तनाव, हर असमर्थता... जैसे मिटने लगी हो। और उसी क्षण, तुम ब्रह्मांड की ऊर्जा से जुड़ने लगते हो, उस दिव्य स्पंदन से, जो कहता है: "तू असीम है, तू ही सृजन है।"

उदाहरण: गंदे पानी की बाल्टी

कल्पना कीजिए कि आपके हाथ में एक बाल्टी है जो कीचड़ और गंदे पानी से भरी हुई है। अगर आप उस बाल्टी को लगातार हिलाते रहेंगे, तो गंदगी ऊपर-नीचे होती रहेगी, सब कुछ अशांत और धुंधला दिखाई देगा। आप उसमें कुछ भी साफ़-साफ़ नहीं देख पाएंगे।

अब सोचिए, अगर आप उसी बाल्टी को एक शांत कोने में रख दें, हिलाना बंद कर दें, तो क्या होगा? धीरे-धीरे, गंदगी नीचे बैठने लगेगी। पानी ऊपर से साफ़ दिखने लगेगा। कुछ ही देर में आप उस पानी के पार भी देख सकते हैं। अब जो चीज़ पहले धुंधली थी, वो स्पष्ट होने लगी। **बस यही ध्यान है।**

हमारा मन भी ऐसी ही एक बाल्टी है, जिसमें दिनभर के विचार, भावनाएँ, डर, अपेक्षाएँ और असंख्य विचार हिलते रहते हैं। इसलिए हम खुद को नहीं देख पाते।

ध्यान वो क्षण है जब हम हिलना बंद करते हैं। जब हम खुद को मौन में रखते हैं, तो हमारे विचारों की "गंदगी", धीरे-धीरे शांत हो जाती है। और तब, पहली बार, हम अपने भीतर झाँक पाते हैं, जहाँ केवल शांति है, स्पष्टता है, और असीम शक्ति है।

ध्यान में क्या होता है?

ध्यान करते समय तुम्हारा मस्तिष्क थीटा तरंगो में प्रवेश करता है, यानी वो स्थिति जहाँ अवचेतन मन पूरी तरह सक्रिय होता है। इसी अवस्था में तुम्हारे भीतर की प्रोग्रामिंग बदली जा सकती है।

- यहाँ Affirmations गहराई में प्रवेश करती हैं।
- Visualization सजीव अनुभव बनने लगता है।
- ब्रह्मांड को भेजे गए इरादे (intentions) कंपन बनकर फैलते हैं।
- और पुरानी भावनात्मक गाँठें स्वतः ही खुलने लगती हैं।

ध्यान की अवस्था में, तुम्हारा मन केवल सोचता नहीं, बल्कि अनुभव करने लगता है, और वहीं से चमत्कार जन्म लेते हैं।

ध्यान - जहाँ सिर्फ तुम हो

जब कोई व्यक्ति ध्यान करता है, तो उसकी आँखें तो बंद होती हैं, पर उसका हृदय खुल जाता है, पुरानी स्मृतियों को समेटने, भीतर के बच्चे को गले लगाने, और अपने ही भीतर की प्रकाश-ज्योति को पहचानने के लिए। वहाँ, उस शांति में, तुम्हें एहसास होता है कि तुम जितना अपने बारे में सोचते हो – उससे कहीं ज़्यादा हो। तुम **"कर्मों के हिसाब से बंधे व्यक्ति"** नहीं, बल्कि एक ऐसी आत्मा हो जो चुन सकती है, बदल सकती है, और रच सकती है।

शुरुआत कैसे करें? (सरल अभ्यास)

ध्यान कोई कठिन विधि नहीं, बस रोज़ की थोड़ी-सी मौन भरी मुलाक़ात है, अपने साथ।

शुरुआती अभ्यास: 5 से 10 मिनट रोज़ाना, और यह ध्यान एक परिवर्तनकारी अभ्यास बन जाएगा।

1. एक शांत कोना चुनें जहाँ कोई व्यवधान न हो।

2. पीठ सीधी रखें, आँखें बंद करें।

3. गहरी सांस लें – **धीरे... शांति से... पूरी तरह...**

4. अब ध्यान दें अपने हृदय की धड़कनों पर। केवल महसूस करें – कोई प्रयास नहीं।

5. मन में दोहराएं: "मैं शांति हूँ... मैं ऊर्जा हूँ... मैं ब्रह्मांड से जुड़ा हूँ..."

खुद से मुलाक़ात का क्षण

ध्यान तुम्हें कुछ सिखाने नहीं आता, वो तुम्हें वो याद दिलाने आता है, जो तुम कभी थे, और जो अब भी हो, बस भूल गए हो। हर बार जब तुम ध्यान करते हो, तो तुम अपने **अंधेरे कमरों में दीपक** जलाते हो। हर बार जब तुम भीतर उतरते हो, तो तुम्हारा चेतन ब्रह्मांड से संवाद करता है।

और धीरे-धीरे, तुम्हारे जीवन में वे चमत्कार प्रकट होने लगते हैं जिनके लिए तुमने कभी केवल प्रार्थना की थी। क्योंकि चमत्कार बाहर नहीं होते, वे उस दरवाज़े के पार होते हैं जिसे खोलने की चाबी तुम्हारे ही अंदर है, और उसका नाम है: "ध्यान।"

जागरण
जब आत्मा खुद को पहचानती है

कुछ साल पहले की बात सोचिए, जब आप किसी रिश्ते में टूटे थे, किसी अवसर को खोकर पछता रहे थे, या बस यूँ ही एक भीड़ में खड़े होकर भी खुद को अकेला महसूस कर रहे थे। वो क्षण जब बाहर सब कुछ ठीक था, लेकिन भीतर कुछ बिखरा हुआ था, कुछ ऐसा जो शब्दों में नहीं कहा जा सकता, लेकिन बहुत गहराई से महसूस होता है। आपने तब शायद यह सोचा भी नहीं होगा कि **ये टूटन... ये खालीपन... ये सवाल...** दरअसल आपके **जागरण की दस्तक** थे।

जब आत्मा थक जाती है

हम जीवन को जीते हैं जैसे कोई प्लानिंग की गई स्क्रिप्ट हो, पढ़ाई, नौकरी, शादी, जिम्मेदारियाँ, और फिर दिन-ब-दिन उसी चक्र में घिसते हुए अपने आप से दूर होते चले जाते हैं। हम मुस्कुराते हैं क्योंकि समाज कहता है, "**मजबूत बनो।**" हम रोते नहीं क्योंकि बचपन से सिखाया गया, **"कमज़ोरी मत दिखाओ।"** पर भीतर कोई लगातार पुकारता रहता है **"क्या यही तू है? क्या तू केवल इतना ही है?"** और जब ये सवाल गहराने लगते हैं, तो वहाँ से **जागरण शुरू होता है।**

जागरण का पहला कंपन

जागरण एक दिन में नहीं होता। यह कोई धर्मग्रंथ या किताब से नहीं आता। यह आता है जब आपकी आत्मा अब और झूठ नहीं जी सकती। वो पहला कंपन तब आता है जब आप **भीतर से सच्चाई को महसूस करते हैं**, और पहली बार कहते हैं, **"बस अब बहुत हुआ... अब मैं खुद को ढूँढूँगा।"**

ये वो क्षण होता है जब आप किसी प्रेरणादायक शब्द को सुनते हैं, या किसी गहरे दर्द के बीच अचानक एक **शांति की लहर** सी दौड़ जाती है। शरीर काँपता है, आँखों से आँसू बहते हैं, पर वो आँसू दुःख के नहीं होते, **वो पहचान के आँसू होते हैं।**

आत्मा का जागरण एक टूटने की प्रक्रिया है

बहुत से लोग सोचते हैं कि जागरण कोई रोशनी में डूबा, सुंदर अनुभव है। लेकिन सच यह है कि **जागरण पहले तोड़ता है।** वो आपको आपके नक़ाबों से अलग करता है, आपकी झूठी पहचानें, सीमाएँ, और borrowed beliefs को **जड़ से उखाड़ देता है।**

आप महसूस करते हैं कि आप वो नहीं हैं, जो दूसरों ने कहा था, जो समाज ने ठोपा था, या जो आप खुद मान बैठे थे। और इस टूटन में, आप पहली बार **खाली** होते हैं।

और जब आप सच में **खाली** होते हैं, तभी **प्रेम, प्रकाश और पहचान** आपके भीतर प्रवेश कर पाती है।

"मैं कौन हूँ?"

जब इंसान पहली बार रुकता है और खुद से पूछता है, **"मैं कौन हूँ?"** और ये सवाल दिल से आता है, तब ब्रह्मांड भी चुपचाप उत्तर देने लगता है। उत्तर कोई शब्दों में नहीं आता। वो आता है एक भावना में, एक मौन में, एक कंपन में जो कहता है, **"तू केवल शरीर नहीं...**

तू चेतना है। तू सीमित नहीं... तू असीम है। तू टूटा नहीं... तू अनुभवों से **निखरा है।"** वहीं पर आत्मा पहली बार खुद को देखती है, जैसे आईने के सामने खड़ी हो और पहली बार सच में अपनी आँखों में झाँक रही हो।

जागरण एक मंज़िल नहीं ये एक सतत यात्रा है।

एक बार जब आत्मा खुद को पहचान लेती है, तो फिर जीवन का हर क्षण अर्थपूर्ण बन जाता है। तब आप प्रतिक्रिया नहीं करते, आप **जागरूकता** से कार्य करते हैं। तब आप भीड़ में नहीं खोते, आप अपने भीतर के प्रकाश में खड़े रहते हैं। और यही वह क्षण होता है, जब आप खुद से मिलते हैं। और आप मौन में मुस्कुराते हैं, क्योंकि अब आप खुद को पहचान गए हैं।

कृतज्ञता
वो चाबी जो दरवाज़े खोलती है

कृतज्ञता कोई शब्द नहीं, कोई संस्कार नहीं – यह एक **ऊर्जा** है। यह वह कंपन है जो सीधे **ब्रह्मांड के हृदय** तक पहुँचता है। जब हम दिल से कहते हैं "धन्यवाद", तो हम सिर्फ शुक्रिया नहीं कह रहे होते बल्कि हम उस **असीम ब्रह्माण्ड** से जुड़ रहे होते हैं।

कई बार जीवन ऐसे मोड़ पर लाता है, जहाँ हम हार मानने के करीब होते हैं। जहाँ हर चीज़ विपरीत दिखती है, रिश्ते टूटते हैं, सपने बिखरते हैं, आत्म-विश्वास डगमगाता है। ऐसे में मन चीखता है, "शुक्रिया किस बात का?" लेकिन यही वह क्षण होता है जब **कृतज्ञता चुपचाप भीतर से जन्म लेने को तैयार होती है**। क्योंकि कृतज्ञता तब नहीं आती जब सब अच्छा होता है, वह तब आती है जब **तू भीतर से जागता है**, और कहता है, **"मुझे विश्वास है, इस टूटन में भी कोई उपहार छिपा है।"**

कृतज्ञता वह दृष्टि है जो अंधकार में भी प्रकाश ढूंढ लेती है। जब आप अपने बीते हुए दुःखों को देखकर भी कह सकते हैं, **"धन्यवाद उन अनुभवों के लिए जिन्होंने मुझे गहराई दी।"** तब आप केवल जीवित नहीं, **जाग्रत** होते हैं। वहाँ से जीवन की ऊर्जा बदलने लगती है। क्योंकि

ब्रह्मांड तुम्हारे भावों से बात करता है, शब्दों से नहीं। और जब तुम्हारा भाव होता है, **"मुझे जो मिला, उसके लिए भी धन्यवाद...जो नहीं मिला, उसके लिए भी और जो आने वाला है, उसके लिए भी..."** तब ब्रह्मांड कहता है, **"अब यह आत्मा तैयार है, इसे देना है।"**

जब हम लगातार अभाव की सोच में रहते हैं, "मेरे पास यह नहीं है", "क्यों नहीं मिला", "कब मिलेगा", तब हम अपने कंपन को नीचे खींचते हैं। पर जैसे ही हम **कृतज्ञता का भाव** अपनाते हैं, हमारा कम्पन ऊँचा उठता है, और हम उसी ऊर्जा पर पहुंचते हैं जहाँ **प्राप्ति, प्रेम और समृद्धि** सहज रूप से बहने लगती है।

कृतज्ञता कोई बड़ी क्रिया नहीं मांगती, यह एक छोटी सी आदत बन सकती है। सुबह आँख खुलते ही कहिए – **"धन्यवाद आज का दिन देने के लिए।"** भोजन खाते समय कहिए – **"धन्यवाद इस ऊर्जा के लिए।"** रात को सोने से पहले कहिए – **"धन्यवाद उन अनुभवों के लिए जो मुझे आज मिले।"** धीरे-धीरे, यह अभ्यास सिर्फ अभ्यास नहीं रहेगा, यह **आपकी चेतना का स्वभाव** बन जाएगा।

और जब कृतज्ञता चेतना का स्वभाव बनती है, तब जीवन चमत्कारी होने लगता है। अवसर अपने-आप खिंचते हैं, भीतर एक सहज आनंद बना रहता है, जो किसी उपलब्धि का परिणाम नहीं, बल्कि **आत्मा के जागरण का प्रभाव** होता है।

कृतज्ञता वह चाबी है जो उन दरवाज़ों को खोलती है जो केवल प्रेम, शांति और उच्च ऊर्जा से खुल सकते हैं। यह तुम्हें जोड़ती है तुम्हारे अस्तित्व की उस परत से जहाँ कोई डर नहीं, कोई दौड़ नहीं, कोई अभाव नहीं। बस एक मौन स्वीकृति होती है कि **"मैं हूँ, और जो कुछ भी है, वह मेरे लिए ही है।"**

आज से, हर दिन कुछ पल अपने लिए चुनिए, और बस शांति से बैठकर महसूस कीजिए, किन-किन चीज़ों के लिए आप आभारी हैं?

क्योंकि जब आप **धन्यवाद** की कंपन में जीने लगते हैं, तब जीवन आपके लिए वो दरवाज़े खोलता है जिन्हें आप खटखटा भी नहीं रहे थे। **कृतज्ञता केवल भावना नहीं...यह चेतना की सबसे पवित्र अवस्था है। जहाँ से सच्चा चमत्कार जन्म लेता है।**

अंतर्मन के कोड्स
जब ब्रह्मांड तुम्हारे इशारे समझे

कभी सोचा है, जब तुम दिल से कुछ माँगते हो, तो क्यों कुछ दुआएँ सीधा जवाब बनकर लौट आती हैं, और कुछ बस आसमान में खो जाती हैं?

क्या फर्क है?

फर्क है उस **गहराई** में, उस **भावना** में, उस **अनकही भाषा** में जो तुमने अपने अंतर्मन से ब्रह्मांड को भेजी। क्योंकि ब्रह्मांड सिर्फ तुम्हारी आवाज़ नहीं सुनता, वो तुम्हारे **वाइब्रेशन** सुनता है। तुम्हारे **अहसास**, तुम्हारी **श्रद्धा**, तुम्हारी **नियत**।

एक कहानी - जब इच्छा आदेश बन जाती है

रवि एक सामान्य युवक था। उसकी ज़िन्दगी में सब कुछ "ठीक-ठाक" था पर भीतर कहीं एक खालीपन था। हर रात वो छत पर लेटकर आसमान देखता और सोचता, **"क्या मेरी दुआएँ कभी ऊपर तक पहुँचती भी हैं?"** एक दिन टूट कर बिखरने के बाद, जब वो रोते-रोते थक गया, उसने आँखें बंद कीं, और सिर्फ एक बात कही: **"अगर तू सच में सुन रहा है, तो अब मुझे खुद से मिला दे।"**

वो आवाज़ कोई बड़ी प्रार्थना नहीं थी – पर उसमें थी **पूरी आत्मा की पुकार।** और यहीं से उसकी दुनिया बदलने लगी। एक-एक कर चीज़ें खुद-ब-खुद सामने आने लगीं। सही लोग, सही मौके, सही रास्ते। रवि को तब समझ आया, **जब तुम सच्चे हो, तो ब्रह्मांड झूठ नहीं बोलता।**

अंतर्मन के गुप्त कोड्स - जो सबके भीतर हैं, पर सबको दिखते नहीं

हर इंसान के भीतर एक "छुपी भाषा" होती है, एक ऐसी भाषा जो शब्दों की मोहताज नहीं। वो भाषा है **भावना की, कल्पना की,** और **पूर्ण समर्पण की।**

जब कोई माँ अपने बच्चे के लिए डर के मारे प्रार्थना करती है, तो वो प्रार्थना ब्रह्मांड की दीवारें हिला देती है। क्यों? क्योंकि उसमें कोई शक नहीं होता, कोई दिखावा नहीं होता – सिर्फ **शुद्ध भावना** होती है। जब कोई प्रेम में डूबकर कहता है – "मैं तुम्हें पा ही लूंगा" तो पूरी सृष्टि कोशिश करने लगती है – उसे मिलाने की। यही हैं **अंतर्मन के कोड्स।** वे शब्दों से नहीं, **जज़्बातों से चलते हैं।**

कैसे खोलें ये कोड्स – एक सम्मोहक प्रक्रिया

आओ एक पल आँखें बंद करो, अब धीरे-धीरे अपनी साँस को महसूस करो। हर साँस के साथ महसूस करो कि तुम अपने शरीर से बाहर निकल रहे हो, और एक प्रकाश की रेखा तुम्हारे सिर के ठीक ऊपर से आकाश की ओर जा रही है...

अब अपने हृदय में वो एक इच्छा ढूंढो, जिसे तुम सचमुच जीना चाहते हो। न ज़रूरतों से भरी कोई ख्वाहिश, बल्कि वो जो तुम्हारी **आत्मा की पुकार** है। अब उसे सिर्फ सोचो मत उसे **महसूस करो।** उसके साथ **रोओ, मुस्कराओ** ऐसे जैसे वो तुम्हारी साँसों में समा गई हो।

यही तुम्हारा कोड है। और जब तुम ये कोड ब्रह्मांड को भेजते हो, तब तुम्हारी कल्पना भविष्य बन जाती है।

कुछ पल तुम्हारे लिए - जो शायद कोई नहीं देखता

- जब तुम अकेले अपने कमरे में चुपचाप बैठे होते हो, और कोई आंसू तक पूछने वाला नहीं होता...
- जब तुम दूसरों के लिए सब कुछ करते हो, पर खुद के लिए कुछ नहीं बचता...
- जब तुम थक चुके होते हो ज़िन्दगी से, फिर भी मुस्कराते हो...

यही वो क्षण हैं जब तुम्हारा अंतर्मन बोलता है। वो कहता है, **"तू भूल गया है कि तू केवल शरीर नहीं, तू ब्रह्मांड का अंश है। तू आदेश दे सकता है – अगर तू खुद पर विश्वास करे।"**

अंतिम मंत्र - ब्रह्मांड की भाषा को याद रखो

ब्रह्मांड तुम्हारे शब्द नहीं, तुम्हारी **नियत** समझता है। वह तुम्हारे सपनों से नहीं, तुम्हारी **भावना की तीव्रता** से बंधा है। और वह हर उस इंसान को जवाब देता है – जो **भीतर से सच्चा** है।

तो अगली बार जब तुम कुछ चाहो, उसे सिर्फ माँगना मत... **जी लो पहले अपने अंदर।** और फिर देखो, कैसे पूरा ब्रह्मांड तुम्हारे इशारे समझने लगता है। **क्या तुम तैयार हो... अपने अंतर्मन की भाषा बोलने के लिए? क्या तुम तैयार हो, ब्रह्मांड को अपना साथी बनाने के लिए?**

आत्मा का संदेश: जब दिल बोलता है

कभी तुमने उस **भीतर के सन्नाटे** को सुना है? वो जो बाहर की चहल-पहल के बीच भी तुम्हें कुछ कहने की कोशिश करता है, बिना शब्दों के, बिना तर्क के, सिर्फ एक **कंपन** के ज़रिए?

वही है तुम्हारी आत्मा की आवाज़, जो हर वक्त बोलती है, लेकिन हम सुनना भूल गए हैं। हमने दिमाग को गुरु बना लिया है और दिल को गूंगा। हमने तर्क को सच मान लिया है और **अंतर्ज्ञान को भ्रम।** लेकिन जब तक तुम अपनी आत्मा की आवाज़ नहीं सुनते, तब तक तुम्हारा जीवन किसी और की स्क्रिप्ट पर चलता है।

कहानी – वो छात्र जिसने अपने दिल की सुनी

आरव एक साधारण सा छात्र था – विज्ञान वर्ग में पढ़ता था, हर कोई कहता था कि उसे इंजीनियर बनना चाहिए। उसके माता-पिता का सपना था कि वो किसी बड़ी कंपनी में नौकरी करे, उनका नाम रोशन करे। वो पढ़ाई में अच्छा था, पर हर बार जब वो मैथ या फिज़िक्स की किताब खोलता – उसका मन बोझिल हो जाता।

उसे संगीत पसंद था। गिटार उठाते ही उसकी साँसे खुलने लगती थीं, जैसे उसकी आत्मा को उड़ने के लिए पंख मिल गए हों। लेकिन वो डरता था, **"अगर मैंने मम्मी-पापा का सपना नहीं पूरा**

किया, तो क्या मैं **बुरा बेटा कहलाऊँगा**?" हर रात वो पढ़ाई करता रहा – लेकिन भीतर कुछ **टूटता** रहा। एक दिन परीक्षा से ठीक पहले उसे ज़ोर का पैनिक अटैक आया। दिमाग सुन्न हो गया, शरीर कांपने लगा। डॉक्टर ने कहा – "इसका कारण मानसिक थकावट और दबी हुई भावनाएं हैं।"

उसी रात, आरव ने अपने कमरे में अकेले बैठकर रोते हुए खुद से पूछा:**" क्या मैं ऐसे ही जीता रहूंगा? उसके अंदर से एक आवाज आयी, तू संगीत के लिए बना है, तू रटने नहीं बल्कि कुछ रचने आया है** आरव को लगा जैसे किसी ने उसे छू लिया हो – वो कोई सपना नहीं था, वो उसकी **आत्मा की पुकार थी।**

उसने साहस जुटाया, मम्मी-पापा से बात की। शुरू में नाराज़गी हुई, पर जब उन्होंने बेटे की आँखों में पहली बार **सच की चमक, कुछ करने का जूनून और आत्मविश्वास की झलक देखी** तो वो झुक गए। आज आरव संगीतकार है, लाखों लोग उसके सुरों में सुकून ढूंढते हैं। वो कहता है –**"अगर उस रात मैंने अपनी आत्मा की आवाज़ न सुनी होती, तो शायद मैं आज ज़िंदा तो होता, पर अपनी ज़िंदगी को जी नहीं रहा होता।**

अंतर्ज्ञान – आत्मा की भाषा

हम सबके भीतर एक शक्ति है – जो सोचती नहीं, **महसूस करती है।** वो जब कुछ कहती है, तो उसका कोई "तर्क" नहीं होता। सिर्फ एक **स्पष्ट एहसास** होता है।

कभी तुम्हें किसी रास्ते पर चलते हुए लगा हो कि "यहाँ कुछ गड़बड़ है..." या किसी इंसान को देखकर दिल ने कहा हो – "इस पर भरोसा मत करना..." या बिना कारण किसी जगह पर शांति महसूस हुई हो... वो तुम्हारा दिमाग नहीं था। वो थी तुम्हारी **आत्मा की चेतावनी या स्वीकृति।** दिमाग कभी जान नहीं सकता जो दिल पहले से जानता है।

कैसे सुनें आत्मा की आवाज़?

आत्मा की आवाज़ बाहर नहीं – भीतर होती है। लेकिन हमें इतना "बाहर" देखने की आदत हो गई है, कि **भीतर की स्क्रीन धुंधली पड़ गई है।**

सबसे पहला कदम है:**रुक जाना।**

हर दिन कुछ मिनट अपने लिए निकालो। साँसों पर ध्यान दो, और फिर दिल पर हाथ रखकर सिर्फ एक सवाल पूछो:" **तुम क्या चाहते हो ?**" अब चुप हो जाओ।

जो पहली फीलिंग आए – वही उत्तर है। वो डर नहीं होगा, वो शांति होगी। वो शोर नहीं होगा, वो एक **नरम सी खामोशी** होगी – जो तुम्हें थाम लेगी।

अब समय है – भीतर लौटने का

इस दुनिया ने तुम्हें बहुत कुछ सिखाया है –कि क्या सही है, क्या ग़लत। पर क्या तुम्हें किसी ने यह सिखाया कि **तेरी आत्मा क्या कहती है?** अब समय है खुद से जुड़ने का। अपने भीतर उस जगह पर पहुँचने का – जहाँ कोई दिखावा नहीं, सिर्फ **सच** है। जहाँ तुम हो, वैसे जैसे तुम **वास्तव में** हो।

जब आईना तुम्हारा सच बोलता है आत्म-स्वीकार्यता और हीलिंग का शक्तिशाली तरीका

रात के साढ़े तीन बजे थे। सब कुछ शांत था, लेकिन उसके भीतर का तूफ़ान थमने का नाम नहीं ले रहा था। नेहा – 32 साल की एक सफल कॉर्पोरेट प्रोफेशनल थी, बाहर से सबकुछ ठीक लग रहा था। अच्छी जॉब, सुंदर घर, सोशल मीडिया पर मुस्कानें। लेकिन उस रात वो खुद से हार चुकी थी। उसने सारी लाइट्स बंद कीं और बाथरूम के आईने के सामने जाकर खड़ी हो गई।

उसने खुद की आँखों में झाँका और जैसे किसी ने उसके सीने में छुपे सारे दबे हुए दर्द को उजागर कर दिया हो। उसके होंठ काँप रहे थे, आँखों से आँसू बहने लगे और उसने खुद से फुसफुसाकर कहा, **"मैं क्यों खुद को इतना नापसंद करती हूँ? मैं क्यों हमेशा खुद को दोषी मानती हूँ?"**

वो पहली बार खुद से मिल रही थी – सच में, बिना नकाब, बिना झूठ के। और उसी पल से उसकी हीलिंग शुरू हुई। Mirror Work – यही था उसका पहला कदम। Mirror Work, यानी आईने के सामने खुद से बात करना, कोई साधारण अभ्यास नहीं है।

यह एक ऐसा शक्तिशाली माध्यम है, जिससे तुम अपने **अवचेतन मन** से सीधा संपर्क बनाते हो – उस जगह से जहाँ तुम्हारे सभी पुराने घाव, अनुभव, विश्वास और यादें जमा हैं।

हमारा अवचेतन मन किसी टेप रिकॉर्डर की तरह होता है, जो बचपन से लेकर आज तक की हर बात, हर चोट, हर आलोचना, हर अस्वीकृति को दर्ज करता है। और यहीं से बनती है हमारी **सेल्फ-इमेज** – जो अक्सर टूटी, अस्वीकार की हुई और दर्द से भरी होती है। **जब तुम Mirror Work करते हो, और अपनी आंखों में आंखें डालकर खुद से कहते हो, "मैं तुझसे प्यार करता हूँ", "मैं तुझे माफ़ करता हूँ", तो ये शब्द सीधे तुम्हारे अवचेतन मन में उतरते हैं – जैसे कोई माँ अपने डरे हुए बच्चे को गले लगाकर कह रही हो, "अब सब ठीक है।"**

शुरुआत में विरोध होगा। तुम्हारा मन कहेगा, "तू झूठ बोल रहा है", "तू इसके लायक नहीं", "तू खुद से प्यार नहीं कर सकता", ये सब वही प्रोग्राम हैं जो तुम्हारे भीतर लंबे समय से चल रहे हैं। लेकिन अगर तुम लगातार रोज़ 5 से 10 मिनट आईने के सामने खड़े होकर खुद से बात करना शुरू कर दो, धीरे-धीरे ये पुराने प्रोग्राम ढीले पड़ने लगते हैं। और फिर एक दिन, तुम्हारा अवचेतन तुम्हारी बात को सच मान लेता है। वही दिन होता है जब तुम्हारी **हीलिंग** शुरू होती है।

शुरुआत में विरोध होगा। तुम्हारा मन कहेगा, "तू झूठ बोल रहा है", "तू इसके लायक नहीं", "तू खुद से प्यार नहीं कर सकता" – ये सब वही प्रोग्राम हैं जो तुम्हारे भीतर लंबे समय से चल रहे हैं। लेकिन अगर तुम लगातार रोज़ 5 से 10 मिनट आईने के सामने खड़े होकर खुद से बात करना शुरू कर दो, धीरे-धीरे ये पुराने प्रोग्राम ढीले पड़ने लगते हैं। और फिर एक दिन, तुम्हारा अवचेतन तुम्हारी बात को सच मान लेता है। वही दिन होता है जब तुम्हारी **हीलिंग** शुरू होती है।

आईना सिर्फ चेहरा नहीं दिखाता – वो तुम्हारे अंदर देखता है। वो तुम्हें याद दिलाता है कि तुम कोई गलती नहीं हो, तुम कोई दोष नहीं

हो – तुम प्रेम हो, तुम प्रकाश हो, तुम पूर्ण हो। जब तुम आईने में अपने अंदर उस छोटे बच्चे को देखते हो, जो सिर्फ समझे जाने और अपनाए जाने के लिए तरस रहा है, और तुम उसे पहली बार बिना शर्त गले लगाते हो – उस क्षण अवचेतन के सबसे गहरे घाव भरने लगते हैं।

Mirror Work दरअसल एक reprogramming technique है – एक नई पहचान की कोडिंग। यह अभ्यास तुम्हारे अंदर वो नया विश्वास भरता है: "मैं पर्याप्त हूँ। मैं सुरक्षित हूँ। मैं प्रेम के योग्य हूँ।" ये वाक्य बार-बार दोहराए जाने पर तुम्हारे अवचेतन मन में नई pathways बनाते हैं। और फिर जीवन की परिस्थितियाँ भी तुम्हारे नए विश्वासों से मेल खाने लगती हैं। तुम जैसे-जैसे खुद को अपनाने लगते हो, दुनिया भी तुम्हें अपनाने लगती है।

जब तुम हर दिन आईने में खुद को देख कर ये कहने लगते हो, "मैं तुझे पूरी तरह स्वीकार करता हूँ", तो धीरे-धीरे तुम्हारा अवचेतन खुद को वो पहचान देने लगता है, जो उसे बचपन से कभी नहीं मिली थी। और तब एक अद्भुत शिफ्ट होता है, जहाँ आत्मग्लानि, शर्म और भय की जगह **प्रेम, विश्वास और आत्म-सम्मान** जन्म लेने लगता है।

अवचेतन मन को बदलने के लिए तुम्हें बाहर की दुनिया से नहीं, अपने ही **आईने** से शुरुआत करनी होती है। क्योंकि वही दरवाज़ा है, जिससे होकर तुम खुद के सबसे सच्चे, सबसे कोमल और सबसे पवित्र रूप से मिल सकते हो।

आपके अंदर ब्रह्मांड बोलता है

हर किताब का एक अंत होता है, पर कुछ यात्राएँ ऐसी होती हैं जिनका अंतिम पृष्ठ दरअसल उस दरवाज़े की तरह होता है, जहाँ से असली जीवन शुरू होता है। यह पुस्तक – कोई ज्ञान का भंडार नहीं थी। यह एक **दर्पण** थी। आपके लिए, सिर्फ आपके लिए, जिसमें आपने अपने सबसे सच्चे रूप से पहली बार मुलाक़ात की। नकाबों से परे, अपेक्षाओं से परे, डर से परे।

आपने खुद से बहुत कुछ छुपाया था ना? जहाँ हँसी में भीगी हुई उदासी थी, कंधों पर थकी हुई ज़िम्मेदारियाँ थीं, आँखों में अनकहे सपने थे, और दिल में वो सवाल, जो किसी से पूछ नहीं सका। लेकिन इस पूरी यात्रा में, आपके अंदर कुछ बदला है। आपके अंतर्मन की ख़ामोशी अब सिर्फ चुप नहीं रहती, वो धीरे-धीरे **बोलने लगी है।**

और अब जब आप इस अंतिम अध्याय पर पहुँचे हैं, तो कुछ पल रुकिए। एक गहरी साँस लीजिए। अपनी आँखें बंद कीजिए। और सुनिए...

आपके अंदर ब्रह्मांड बोलता है। उसने हमेशा से आपको पुकारा है। जब आप टूटे थे, वह आपके पास बैठा था। जब आप हार गए थे, वह आपकी साँसों में उम्मीद बनकर चल रहा था। जब आप खुद से थक गए थे, तो वह आपसे यही कहता रहा – **"आपने कुछ खोया नहीं बल्कि, आप खुद को ढूंढ रहे हैं।"**

और आज आप जान गए हैं, कि आप ही वो जवाब हैं, जिसे आप बाहर तलाशते रहे।

अब आपको किसी और की मंज़ूरी की ज़रूरत नहीं। अब कोई और आकर यह तय नहीं करेगा कि आप योग्य हैं या नहीं। क्योंकि अब आपने अपने भीतर की **वो आवाज़** सुन ली है, जो बहुत देर से कह रही थी, **"मैं यहाँ हूँ, मैं जाग रही हूँ, और मैं असीम हूँ।"**

अब आप हर सुबह उठेंगे, और ब्रह्मांड की तरह फैली हुई उस मौन ऊर्जा को अपने अंदर महसूस करेंगे। अब जब आप चलेंगे, तो आपकी ऊर्जा बोलेगी, "मैं जानता हूँ मैं कौन हूँ। मैं वो हूँ जो प्रकाश से बना है। मैं वो हूँ जिसे इस जीवन में उद्देश्य के साथ भेजा गया है।"

इस किताब की हर बात, आपके अंदर बीज की तरह बोई गई है। अब ये बीज अंकुरित होंगे। अब आप खुद से दूर नहीं भागेंगे, बल्कि खुद को प्रेमपूर्वक गले लगाकर जिएँगे।

और जब दुनिया आपसे पूछेगी, **"आप कौन हैं?"** तो आप मुस्कुराकर कहेंगे, **"मैं वो हूँ जो अपने अंदर ब्रह्मांड की भाषा बोलता है। मैं अब वो सपना हूँ – जो जाग चुका है।"**

और हाँ... याद रखिए, जो आप आज हैं, वह केवल शुरुआत है। आपका अंत कभी नहीं होगा, क्योंकि आप चेतना हैं, आप ऊर्जा हैं, आप प्रेम हैं। और यह सब कभी ख़त्म नहीं होते।

अब समय आ गया है, उस जीवन को जीने का, जो आपके अंदर वर्षों से इंतज़ार कर रहा था।

आपके अंदर ब्रह्मांड बोलता है। अब उसे सुनिए। और चल पड़िए अपनी उड़ान पर।

समर्पित, आपके उस रूप को जो अब जाग चुका है।

लेखक परिचय

ऋषि मुद्गल केवल एक लेखक नहीं हैं – वे एक मौन शक्तिपुंज जो लोगों को उनके ही भीतर छिपे असीम सामर्थ्य से जोड़ते हैं। वे उन आवाज़ों तक पहुँचते हैं, जिन्हें दुनिया ने अनसुना कर दिया, उन दर्दों तक, जिन्हें चेहरे पर मुस्कान पहनकर छिपा लिया गया, उन ख्वाहिशों तक, जिन्हें वक़्त और हालात ने दबा दिया।

ऋषि खुद उस अंधकार से गुज़रे हैं जहाँ भीतर की चीखें खामोश थीं, जहाँ सवाल तो थे... पर जवाब कहीं नहीं थे, जहाँ भीड़ में होते हुए भी आत्मा अकेली थी। और यहीं से उन्होंने पाया, परिवर्तन बाहर नहीं होता, वह भीतर एक बीज की तरह सोया होता है, बस ज़रूरत होती है **सचेत स्पर्श** की ऐसे स्पर्श की जो न सिर्फ मन को सुन सके, बल्कि आत्मा को फिर से जगा सके।

उन्होंने अपने जीवन को उस मिशन के लिए समर्पित किया है जो हर आत्मा को उसकी **भूली हुई पहचान** दिला सके – कि वह सिर्फ शरीर नहीं, बल्कि **चेतना** है; केवल परिस्थिति नहीं, बल्कि **संभावना** है। वे एक जाने-माने **सबकॉन्शस माइंड कोच**, और **लाइफ ट्रांसफॉर्मेशन एक्सपर्ट** हैं, वे उन हज़ारों आत्माओं को छू चुके हैं जो कभी खुद को खो चुकी थीं, असफल रिश्तों में, पुरानी conditioning में, खुद से कटे हुए जीवन में।

उनका काम कोई तकनीक नहीं, बल्कि एक **जीवित अनुभव** है, जो आपको आपके ही भीतर उस दरवाज़े तक ले जाता है, जिसे आपने कभी बंद कर दिया था... और भूल गए थे कि वो था भी।

पुस्तक Limitless You सिर्फ एक पठन सामग्री नहीं है, यह एक **आत्मिक निमंत्रण** है। एक आह्वान उस खोई हुई शक्ति को पुनः पाने का, जो अब भी आपके अंदर सो रही है।

धन्यावाद!

www.ingramcontent.com/pod-product-compliance
Lightning Source LLC
LaVergne TN
LVHW041237080426
835508LV00011B/1261
* 9 7 8 1 9 6 9 2 5 9 1 4 2 *